희망의 표징
마리아

MARIA Zeichen der Hoffnung
by Walter Kardinal Kasper
Orginal Copyright © 2018 Patmos Verlag,
ein Unternehmen der Verlagsgruppe Patmos
in der Schwabenverlag AG, Ostfildern
Korean Edition Copyright © 2019 Living with Scripture Publishers

이 책은 저작권자와 직접 저작권 계약을 맺어 펴내므로 저작권법의 보호를 받습니다. 무단 전재와 복제를 금합니다.

희망의 표징 마리아

Maria

발터 카스퍼 지음 / 허규 옮김

성서와함께

Maria

마리아,
마리아,
마리아,
마리아,
마리아,
마리아,
마리아,

머리말	8
마리아의 노래	10
복음의 아이콘	12
시온의 딸	28
말씀에 순종하신 분	40
교회의 어머니	52
살아 있는 모든 이의 어머니	66
가톨릭 신앙 안에 계신 분	76
저희를 위하여 빌어주소서	98
성경 찾아보기	108
그림 출처	110

"마리아는 주님의 날이 올 때까지
순례하는 하느님 백성에게
확실한 희망과 위로의 표지로서
빛나고 계신다."

제2차 바티칸 공의회 교회에 관한 교의 헌장
〈인류의 빛(Lumen Gentium)〉 68항

머리말

이 책에 실린 '마리아에 대한 묵상'은 몇 년 전 로마에서 발표한 내용입니다. 이탈리아 볼로냐에 있는 데호니아네 출판사(Edizione Dehoniane)는 이 발표문에 기대 이상의 관심을 보여 주었습니다. 파트모스 출판사(Der Patmos-Verlag) 역시 감사하게도 이 묵상을 독일의 독자들이 읽을 수 있도록 해 주었습니다. 이 책에는 원래 발표문을 그대로 실었고 학문적 설명은 자제했습니다. 다만 프란치스코 교황께서 새로 제정한 기념일의 이름이기도 한, '마리아, 교회의 어머니' 부분만 추가했습니다.[1] 마리아 공경과 마리아 신심은 성경의 증언에 바탕을 두고 있으며 천여 년 동안 개인과 전례를 통한 교

---

1 프란치스코 교황은 2018년 2월 11일에 '교회의 어머니 복되신 동정 마리아' 기념일을 제정하여 루르드의 성모님을 기억하도록 했다. 기념일은 성령강림 대축일 다음 월요일이다. 이 책의 각주는 모두 역자가 한국 독자들의 이해를 돕기 위해 붙인 역자주이다.

회의 신앙 행위로 자연스럽게 받아들여졌습니다. 16세기 종교개혁가들의 글에서도 마리아 공경과 신심에 대한 내용을 찾을 수 있습니다. 마리아에 대한 저의 묵상이, 여러분이 마리아에 대한 풍요로운 전통을 이해하고 새롭게 하며 누리는 데 도움을 줄 수 있으면 좋겠습니다.

2018년 교회의 어머니 복되신 동정 마리아 기념일에
발터 카스퍼 추기경

마리아의
노래

내 영혼이 주님을 찬송하고
내 마음이 나의 구원자 하느님 안에서 기뻐 뛰니

그분께서 당신 종의 비천함을
굽어보셨기 때문입니다.

이제부터 과연 모든 세대가 나를 행복하다 하리니
전능하신 분께서 나에게 큰일을 하셨기 때문입니다.

그분의 이름은 거룩하고
그분의 자비는 대대로
당신을 경외하는 이들에게 미칩니다.

그분께서는 당신 팔로 권능을 떨치시어
마음속 생각이 교만한 자들을 흩으셨습니다.

통치자들을 왕좌에서 끌어내리시고
비천한 이들을 들어 높이셨으며
굶주린 이들을 좋은 것으로 배불리시고
부유한 자들을 빈손으로 내치셨습니다.

당신의 자비를 기억하시어
당신 종 이스라엘을 거두어 주셨으니

우리 조상들에게 말씀하신 대로
그 자비가 아브라함과 그 후손에게
영원히 미칠 것입니다.

루카 1,46-55

마리아, 복음의 아이콘

마리아는 복음의 아이콘입니다.
이 말은 마리아가 인격적으로 복음을 생생하게 표현하고
완전하게 복음을 현실화하지만, 복음 자체는 아니라는 의미입니다.
오직 유일하신 예수 그리스도만이 복음 자체이고
복음의 구체적인 형상이십니다.

저는 성모 순례지 근처에서 어린 시절을 보내며 성장하였습니다. 공포의 시간이었던 제2차 세계대전 중, 독일에 살고 있던 우리는 폭격으로 인해 여러 밤을 지하실에서 지내야만 했습니다. 저는 어머니와 함께 기도하고 보호를 간청하기 위해 자주 그 순례지를 방문했습니다. 많은 사람이 알고 있는 '일을 마치고 바치는 기도'(Sub tuum praesidium)는 그러한 처지에 있는 우리에게 중요한 의미를 지녔고 큰 위로가 되어 주었습니다. 이렇듯 제 안에는 이미 유년기와 청소년기에 성모 신심이 자라고 있었습니다.

──────────────────────── 나중에 대학생이 되어서는, 성모 신심을 부정하지는 않지만 비판적으로 바라보는 또다른 관점을 알게 되었고, 그 비판은 과도하게 커져갔습니다. 이때, 성모 공경이 성경에 바탕을 두어야 하며 우리 믿음의 축이자 중심인 예수 그리스도는 물론 교회에서 거행되는 전례와도 연결되어야 한다는 것을 배웠습니다. 이것은 당시 활발했던 전례와 성경 운동의 영향이었는데, 지금도 고맙게 생각하는 부분입니다. 이 운동은 제2차 바티칸 공의회의 초석이 되었습니다.

──────────────────────── 전례와 성경 운동의 긍정적인 영향에도 불구하고 비오 12세 교황께서 1950년에 성모 승천 교의를 반포했을 때 여러 가지 문제가 생겨났고 자주 논쟁이 일어났습니다. 우리는 성모 승천 교의가 성경의 어떤 내용을 근거로 하여 생겨났는지를 자문할 수밖에 없었습니다. 이 교의는 독일처럼 종파가 양분된 나라에서[2] 지속적으로 종교 간의 심각한

---

2 독일은 루터의 종교개혁이 시작된 나라로 지금도 지역에 따라 종교가 다르다. 북부 지역에는 개신교가, 남부 지역에는 가톨릭이 우세하다.

문제를 불러일으켰습니다. 많은 개신교 신자는 당시에 가톨릭교회가 이 교의 때문에 고립되고 마침내 다른 교회와 결별을 선언했다고 생각했습니다.

─────────────── 그래서 제2차 바티칸 공의회가 신선한 자극을 불러일으키고 하느님의 어머니에 대한 공경과 가르침을 교회와 전례에 대한 교의에 포함시켰을 때 사람들은 기뻐했습니다. 공의회는 마리아가 교회의 상징, 원형, 전형이며 믿음과 사랑의 가장 뚜렷한 모범이라는 사실을 분명하게 밝혔습니다(《인류의 빛》 53, 63, 65항). 이런 가르침 때문에 마리아론이 홀대받거나 '희석'된다고는 생각하지 않았으며, 오히려 마리아를 더 가까이 느낄 수 있었습니다. 마리아는 이제 우리에게서 멀리 떨어져 있는 하늘의 여왕이 아니라, 믿음 안에서 우리의 자매입니다. 곧 믿는 이들 가운데 첫째입니다. 또한 마리아는 우리의 여정에서 동반자가 되어 주고, 역사 안에서 순례하는 교회를 이끌고 보호하는 분입니다.

─────────────── 그러나 공의회가 끝난 후, 성모 공경은 설 자리를 잃었을 뿐만 아니라 일부

지역에서 또는 많은 가톨릭 신자 사이에서 가치 없는 것으로 여겨지기까지 했습니다. 저를 비롯한 많은 이가 큰 충격을 받았습니다. 이에 바오로 6세 교황과 요한 바오로 2세 교황은 가톨릭교회의 신앙과 신심 행위를 점진적으로 강화하고 심화해 갔습니다. 그리고 얼마 후에, 우리는 감사하게도 그리스도교와 가톨릭의 훌륭한 전통을 되찾는 쇄신과 복원 운동을 경험했습니다. 공의회 이후의 모든 영적인 운동은 특별히 마리아 공경에 대한 신심과 연결되어 있다고 해도 과언이 아닙니다.

─────────────── 쇄신 운동은 가톨릭교회뿐 아니라 개혁교회들(특히 루터교와 성공회와의 대화) 안에서도 활발했습니다. 오랫동안 '마리아'는 교회 일치를 위한 대화[3]에서 금기시되었고 위험한 주제로 여겨져 배제되었습니다. 오늘날 각 교회는 각자의 고유한 마리아 전승을 재발견하고 있습니다. 그것은, 근대

---

3 '교회 일치를 위한 대화'는 그리스도교의 갈라진 교파 사이에 이루어지는 것이고, '종교 간의 대화'는 그리스도를 믿지 않는 종교들과의 협력을 말하는 용어이다. 현재 종교 간의 대화에는 불교, 이슬람교, 유다교, 도교, 힌두교 등이 참여하고 있다.

에 들어서면서 우리가 소홀히 하여 잃어버린 전승들이 었습니다. 교회의 오래된 전승을 함께 기억하는 일은 중요합니다. 마리아에 대한 교회의 전승은 하나이고 동일한 것으로서, 우리는 그것을 사도신경에서 고백합니다. 교회의 전승은 마리아가 동정녀이면서 하느님의 어머니라고 말합니다. 마르틴 루터(1483-1546)는 '마리아의 노래'(루카 1,46-55)에 훌륭한 해설을 덧붙였고, '하느님의 어머니'를 찬미하는 성공회의 찬가는 영감을 줍니다. 성공회만이 아니라 루터교 역시 마리아에 관한 꽤 많은 축일을 전례력에 표시합니다. 물론 개신교 신자들 대부분은 여전히 이것을 꺼리지만, 분위기가 바뀌고 있다는 것을 이미 살펴보았습니다. 제가 만일 독일의 고향에 가서 하느님의 어머니에 대해 말한다면 누군가 일어서서 저에게 다음과 같이 묻고 반박할 것입니다. "어떻게 마리아를 공경할 수 있습니까? 마리아가 예수님의 어머니인 것은 맞지만, 어떻게 그녀를 하느님의 어머니라 부르고, 그녀의 동정성을 믿으며, 마리아에게 기도할 수 있습니까? 모든 마리아 공경은 미신이고 복음에서 벗어난 것입니다. 성경에 따르면 예수 그리스도만이 유일한 구원자이고 해방자이며 중개자이기 때문입니다. 그런데 마리아 공경은 마리아를 또 다른 중개자처럼 예수님 곁에 세웁니다."

──────────────── 성경이 마리아에 대해서도 말하고 있기에, 위와 같은 질문에 대해 저는 보통 '마리아'로 답합니다. 마리아는 예수 그리스도를 전하는 성경 내용과 분리될 수 없기 때문입니다. 마리아는 직접 노래에서 말합니다. "이제부터 과연 모든 세대가 나를 행복하다 하리니"(루카 1,48). 그러므로 오늘날 우리가 하느님의 어머니에 대해 말하고, 매일 전례에서 마리아의 노래를 부르거나 기도한다면, 우리는 마리아의 노래를 합송하고 반복하며 그것으로 하느님을 찬양했던 모든 시대와 세대의 사람들과 함께 찬미하는 것입니다. 하느님은 마리아를 선택하고 강복하고 그녀에게 큰일을 하셨으며, 마리아를 우리에게 모범으로 세우셨고, 하느님의 어머니이며 우리의 어머니로, 성모로, 동정녀로 우리에게 주셨습니다. 신약성경의 증언과 교회의 모든 전승은 우리가 이렇게 표현하고 노래하며 기도하도록 이끕니다. 만일 우리가 이 사실을 잊

는다면, 그것이야말로 성경과 전승에서 벗어나는 큰 손실이라고 생각합니다.

──────────────── 사람들은 두 가지 형태로 죄를 지을 수 있는데, 너무 많거나 너무 적은 경우 또는 지나치거나 부족한 경우입니다. 지나쳐서 과장할 수 있고 반대로 부족해서 과장할 수도 있습니다. 부족해서 과장하는 경우는 이미 앞에서 말했습니다. 마찬가지로 지나쳐서 과장하게 되는 경우도 알아야 합니다. 바오로 6세 교황은 사도적 권고 〈마리아 공경〉(Marialis cultus, 1974)에서 이런 위험을 상기합니다. 하느님의 어머니는 성경과 전례가 증언하는 전체 맥락 안에서 이해해야 합니다. 바오로 6세 교황은, 마리아에 대한 신학과 영성은 하느님 중심이고 그리스도 중심이어야 하며 성경과 전례에 바탕을 두어야 한다고 설명합니다.

──────────────── 마리아는 복음의 아이콘입니다. 이 말은 마리아가 인격적으로 복음을 생생하게 표현하고 완전하게 복음을 현실화하지만, 복음 자체는 아니라는 의미입니다. 오직 유일하신 예수 그

리스도만이 복음 자체이고 복음의 구체적인 형상이십니다. 이 진리의 질서는 존중되어야 합니다! 저는 두 가지의 위험, 곧 너무 많거나 너무 적은 위험을 피하기 위해 성경이 증언하는 몇 가지 측면을 먼저 언급하려고 합니다. 성경의 증언이 우리에게 시작이고 원칙이며 이정표이기 때문입니다. 또한 성경의 증언이 우리 신앙과, 마리아를 포함한 모든 영성의 원천이기 때문입니다.

마르틴 루터

'마리아의 노래' 해설

WA 7,546-601

이 거룩한 노래를 바르게 이해하기 위해서는 공경하올 동정녀 마리아의 경험에 주의를 기울여야 합니다. 마리아는 성령에게서 영감을 얻고 가르침을 받았습니다. 왜냐하면 성령의 도움 없이는 하느님과 그분의 말씀을 올바로 이해할 수 없기 때문입니다. 또 경험하고 찾고 발견하기 전에는 어느 누구도 성령의 도움을 받았다고 할 수 없습니다. 성령은 마치 하느님의 고유한 학교처럼, 경험으로 가르치십니다. 성령이 아니라면 의미 없는 말이나 공허한 메아리처럼 아무것도 배우지 못합니다. 마리아는 비록 미천하고 보잘것없고 가난하고 멸시당했지만, 성령의 가르침 덕분에 하느님께서 자신 안에서 큰일을 하신다는 경험을 합니다. 또한 하느님은 놀라운 솜씨와 지혜로 낮은 것을 높이시고 높은 것을 낮추시며, 완성된 것을 부수시고 부서진 것을 완성하시는 창조주라는 사실을, 마리아가 경험을 통해 깨닫도록 성령께서 이끌어 주십니다. 하느님께서는 태초에, 무無로부터 세상을 창조하셨기에 우리는 그분을 '창조주'이자 '전능하신 분'이라 부릅니다. 그래서 하느님은 이런 방식으로 활동하시는, 변하지 않는 분으로 남아 계시고 그분의 모든 업적은 세상 마지막까지, 아무것도 없음, 비천함, 멸시받음, 가난함, 죽음을 값지고 고귀하며 복되고 살아 있는 것으로 만드십니다. 또한 하느님은 값지고 고귀하며 복되고 살아 있는 것을 아무것도 아닌 것으로, 비천한 것으로, 멸시받는 것으로, 가난하고 죽은 것으로 만들기도 하십니다. 어떤 피조물도 이런 방식으로 무無에서 유有를 창조해 낼 수 없습니다. 하느님의 눈은 높은 곳이 아니라 깊은 곳을 봅니다. 다니엘서에서 불가마 속에 던져진 세 젊은이는 이렇게 노래합니다. "커룹들 위에 좌정하시어 깊은 곳을 내려다보시는 분"(다니 3,55). 또 시편은 말합니다. "주님께서는 높으셔도 비천한 이를 굽어보시고 교만한 자를 멀리서도 알아보신다"(시편 138,6). "누가 우리 하느님이신 주님과 같으랴? 드높은 곳에 좌정하신 분 하늘과 땅을 굽어보시는 분"(시편 113,5).

"제 영혼이 주님을 찬송합니다."

마리아의 노래는 넘치는 기쁨에서 나옵니다. 그 안에서 영과 함께하는 그녀의 마음과 내적인 생명이 온전히 분출됩니다. 그렇기에 마리아는 '제가 하느님을 찬양합니다'라고 말하지 않고 '제 영혼이 하느님을 찬양합니다'라고 말합니다. 나의 생명과 나의 모든 의미는 하느님의 사랑과 찬미와 큰 기쁨으로 흘러 들어갑니다. 나는 스스로 아무것도 할 수 없고, 내가 하느님께 찬미를 드리는 것보다 더 드높여집니다. 일어나는 모든 일이 하느님의 달콤함으로 가득 채워져, 표현할 수 있는 것보다 더 감각적으로 알게 됩니다. 기쁨으로 하느님을 찬미하는 것은 인간이 할 수 있는 일이 아닙니다. 오히려 말씀을 통해 가르치지 않으시고 고유한 경험을 통해 알 수 있도록 하신다는 것은 기분 좋은 인내이고 하느님만이 하실 수 있는 일입니다. 다윗은 시편에서 말합니다. "너희는 맛보고 눈여겨보아라. 주님께서 얼마나 좋으신지! 행복하여라, 그분께 피신하는 사람!"(시편 34,9) 그분을 맛본 다음에야 볼 수 있습니다.

고유한 경험과 지각을 통해서만 그분을 알 수 있기에, 누군가 깊은 곳에서 위기에 처한다면 온 마음으로 그분께 의탁할 수 없습니다. 그렇기에 다윗은 이렇게 말합니다. "행복하여라, 그분께 피신하는 사람!" 이런 사람은 스스로 하느님의 업적을 경험하고 달콤함을 맛보게 되며, 그리하여 모든 것을 이해하고 인식하는 데 이르게 됩니다.

마리아, 시온의 딸

마리아는 구약성경과 신약성경을 묶어 주는
끈이자 연결 고리이고
성경 전체를 관통하는 핵심으로,
구원 역사의 통일성을 드러냅니다.

신약성경은 어디에서부터 시작할까요? 가장 중요한 본문 중 하나인, '천사가 마리아에게 전한 주님 탄생 예고'에서 이 질문에 대한 답을 시작해 봅시다. 천사는 마리아에게 말합니다. "은총이 가득한 이여, 기뻐하여라. 주님께서 너와 함께 계신다"(루카 1,28). 이 본문은 매우 깊은 의미를 담고 있습니다.

──────────── 천사의 인사는 성경에 있는 그대로입니다. "기뻐하여라"(chaire). 이 말은 구약성경에서 스바니야 예언자가 시온의 딸에게 사용했던 표현을 그리스어로 옮긴 것입니다. "딸 시온아, 환성을

올려라. 이스라엘아, 크게 소리쳐라"(스바 3,14; 참조 즈카 2,14; 9,9; 시편 9,15; 이사 62,11). 구약성경에서 '시온의 딸'은 선택된 이스라엘 백성을 가리킵니다. 그러므로 마리아를 시온의 딸이라고 표현한다면, 그것은 마리아가 이스라엘을 대표한다는 의미입니다. 물론 명확한 차이는 있습니다. 구약성경에서 '시온의 딸'이라는 호칭은 보통 비웃음거리가 되고 창피당하거나 억압받고 황폐해진 이스라엘을 나타낼 때 사용됩니다(2열왕 19,21; 이사 1,8; 애가 1,6 참조). 후기 예언자[4]들에 가서야 억압받는 이스라엘에 종말론적 재건이 약속되는데, 이때 스바니야는 "딸 시온아, 환성을 올려라" 하고 말합니다. 이 종말론적 약속은 이제 마리아 안에서 실현됩니다. 그래서 마리아는 희망에 찬 이스라엘과 그들의 종말론적 완성을 의미합니다.

──────────────────────── 이것은 놀랍고도 역설

---

[4] 구약성경에서 '후기 예언자'는 대예언서와 열두 소예언서의 예언자들을 가리킨다. 그 전에 주로 왕실을 중심으로 활동한 것으로 보이는 사무엘이나 나탄과 같은 예언자들과 구분하는 표현이다. 후기 예언자는 바빌론 유배를 중심으로 활동 시기를 구분하여, 유배 전 예언자와 유배 후 예언자로 나뉜다. 스바니야는 유배 이전에 활동한 예언자로 본다.

적인 완성입니다. 마리아는 혼란스러워하며 이 인사가 무슨 의미인지 묻습니다. "저는 남자를 알지 못하는데, 어떻게 그런 일이 있을 수 있겠습니까?"(루카 1,34) 이에 천사는 답합니다. "성령께서 너에게 내려오시고 지극히 높으신 분의 힘이 너를 덮을 것이다"(루카 1,35). 이 내용도 구약성경의 맥락에서 이해할 수 있습니다.

구약성경에는 여성과 관련된 역사가 많이 있고, 이 역사는 모두 동일한 구조로 짜여 있습니다. 사라와 하가르, 라헬과 레아, 한나 또는 드보라의 이야기나 에스테르와 유딧의 역사가 떠오를 것입니다. 그 이야기들은 항상 같은 메시지를 전하는데, 강한 이들이 아니라 약한 이들이 선택됩니다. 또한 자손을 낳지 못하는 이들이 자손을 얻고, 힘없는 여자가 백성을 구합니다. 이미 한나가 이것을 보여 주었습니다. "가난한 이를 먼지에서 일으키시고 궁핍한 이를 거름 더미에서 일으키시어 귀인들과 한자리에 앉히시며 영광스러운 자리를 차지하게 하신다. 땅의 기둥들은 주님의 것이고 그분께서 세상을 그 위에 세우셨기 때문이다"(1사무 2,8). 마리아 역시 같은 내용을 노래합니다. "마음속 생각이 교만한 자들을 흩으셨습니다. 통치자들을 왕좌에서 끌어내리시고 비천한 이들을 들어 높이셨으며 굶주린 이들을 좋은 것으로 배불리시고 부유한 자들을 빈손으로 내치셨습니다"(루카 1,51-53).

─────────── 이렇듯 마리아는, 이스라엘 백성의 구원 역사 전체를 보여 주고 하느님께서 어떻게 역사에 함께하시는지를 드러내는 표지입니다. 마리아, 곧 이스라엘 백성을 의미하는 '시온의 딸'은 하느님의 신실함을 나타냅니다. 호세아 예언서에서 하느님은 말씀하십니다. "에프라임아, 내가 어찌 너를 내버리겠느냐? 이스라엘아, 내가 어찌 너를 저버리겠느냐?"(호세 11,8) 비록 이스라엘이 충실하지 않더라도 하느님은 당신 백성에게 신실한 분이십니다. 마리아는 옛 계약이 지속되는 것을 나타내는 표지로, 단지 육체로써만이 아니라 영적인 의미에서도 구약성경과 신약성경을 연결합니다. 마리아의 인격 안에서, 바오로 사도가 로마 9-11장에서 말하는 것과 같은 내용이 표현됩니다. 계약은 지속됩니다. 왜냐하면 하느님께서 신

실하시기 때문이고, "하느님의 은사와 소명은 철회될 수 없는 것이기 때문입니다"(로마 11,29).

'철회될 수 없는 계약'이라는 표현은 오늘날 유다인들과의 대화에서 중요한 의미를 지닙니다. 우리는 흔히 새 계약이 옛 계약을 대체하고 이스라엘은 그들의 불충실함 때문에 믿음 없는 버려진 백성이 되었다는 사실을 강조합니다. 오늘날 그리스도교와 유다인들의 적대적 관계의 뿌리가 되는 고통스러운 십자가 사건 후에, 그리고 특별히 홀로코스트의 비극 후에, 우리는 바오로 사도의 말씀을 기억합니다. 마리아는 이 말씀을 위해 있습니다. 시온의 딸인 마리아는 교회와 유다교 사이의 새로운 관계와 대화를 위한 수호성인과 같습니다. 마리아는 구약성경과 신약성경을 묶어 주는 끈이자 연결 고리이고 성경 전체를 관통하는 핵심으로, 구원 역사의 통일성을 드러냅니다. 이런 이유에서 마리아론은 성경의 일부 본문을 바탕으로 하는 것이 아니라 성경 전체 내용을 포함하고, 신약성경의 빛으로 구약성경을 해설하고 구약성경의 약속을 토대로 신약성경을 해석하는 예형론적 해석의 결과입니다. 안타깝게도, 오늘날 우리는 이와 같은 해석 방식을 잊어버렸습니다. 하지만 마리아를 잊어버리고 마리아에 대한 신심을 거부한다면, 성경 전체의 메시지는 논쟁을 불러오고 위태로워질 것입니다.

한나의 노래

1사무 2,1-10

제 마음이 주님 안에서 기뻐 뛰고 제 이마가 주님 안에서 높이 들립니다. 제 입이 원수들을 비웃으니 제가 당신의 구원을 기뻐하기 때문입니다.

주님처럼 거룩하신 분이 없습니다. 당신 말고는 아무도 없습니다. 저희 하느님 같은 반석은 없습니다.

너희는 교만한 말을 늘어놓지 말고 거만한 말을 너희 입 밖에 내지 마라. 주님은 정녕 모든 것을 아시는 하느님이시며 사람의 행실을 저울질하시는 분이시다.

용사들의 활은 부러지고 비틀거리는 이들은 힘으로 허리를 동여맨다.

배부른 자들은 양식을 얻으려 품을 팔고 배고픈 이들은 다시는 일할 필요가 없다.

아이 못 낳던 여자는 일곱을 낳고 아들 많은 여자는 홀로 시들어 간다.

주님은 죽이기도 살리기도 하시는 분, 저승에 내리기도 올리기도 하신다.

주님은 가난하게도 가멸게도 하시는 분, 낮추기도 높이기도 하신다.

가난한 이들은 먼지에서 일으키시고 궁핍한 이를 거름 더미에서 일으키시어 귀인들과 한자리에 앉히시며 영광스러운 자리를 차지하게 하신다.

땅의 기둥들은 주님의 것이고 그분께서 세상을 그 위에 세우셨기 때문이다.

주님께서는 당신께 충실한 이들의 발걸음은 지켜 주시지만 악한 자들은 어둠 속에서 멸망하리라. 사람이 제 힘으로는 강해질 수 없기 때문이다.

주님이신 그분께 맞서는 자들은 깨어진다. 그분께서는 하늘에서 그들에게 천둥으로 호령하신다. 주님께서는 땅끝까지 심판하시고

당신 임금에게 힘을 주시며 기름부음받은이의 뿔을 높이신다.

마리아,
말씀에 순종하신 분

마리아는 '하느님의 말씀을 듣는 일'에서
모범을 보여 줍니다.
더욱이 그녀는 보고 들은 모든 것을 되새기고
마음에 간직했습니다.

마리아는 구약성경의 구원 역사를 요약하고 정리하는 동시에 신약성경의 기쁜 소식을 미리 보여 줍니다. 마리아의 노래는, 예수님께서 산상설교에서 가난하고 슬퍼하며 온유하고 굶주리고 목마르며 자비롭고 박해받는 이들이 행복하다고 말씀하신 행복 선언의 예고입니다(마태 5,3-12). 우리는 이미 마리아의 노래에서 같은 내용을 보았습니다. 이렇게 마리아는 예수님의 복음과 가난한 이들을 향한 하느님의 우선적 사랑, 그리고 기쁜 소식의 원칙을 보여 줍니다. "첫째가 꼴찌 되고 꼴찌가 첫째 되는 이들이 많을 것이다"(마태 19,30). 복음은 일반적 가치를 뒤집습니다. '마리아의 노래'에서 마리아는, 구약의 백성만이 아니라 신약의 백성을 대표합니다. 마리아는 신학자들이 말하듯이 교회의 원형이며 복음 선포의 원형입니다.

──────────────── 교회의 원형인 마리아는 요한 전승에서 나타납니다. 요한 복음은 예수님의 십자가 죽음에서 교회의 원형이 되는 마리아의 모습을 보여 줍니다. "예수님의 십자가 곁에는 그분의 어머니와 이모, 클로파스의 아내 마리아와 마리아 막달레나가 서 있었다. 예수님께서는 당신의 어머니와 그 곁에 선 사랑하시는 제자를 보시고 어머니에게 말씀하셨다. '여인이시여, 이 사람이 어머니의 아들입니다.' 이어서 그 제자에게 '이분이 네 어머니시다' 하고 말씀하셨다"(요한 19,25-27). 사랑받는 제자 요한은 네 번째 복음(요한 복음)에서 예수님의 제자들을 나타내고 십자가 위에 세워진 교회를 나타냅니다. 예수님은 사랑하는 이 제자를 마리아에게 맡기십니다. 마치 마리아가 요한의 어머니인 것처럼. 그래서 이제, 마리아는 교회의 원형이며 그리스도를 따르는 이들의 원형으로서, 교회

의 어머니이며 제자들의 어머니가 됩니다.

──────────────── 이 예형론적 비교는 신약성경의 마지막 책인 요한 묵시록에서 더욱 발전합니다. 묵시록은 광야로 피해 간 여인의 모습에 빗대어 그리스도인들과 교회가 받을 박해를 미리 보여 줍니다(묵시 12장). 교부들은 이것을 교회를 대표하는 마리아에 대한 상징으로 이해했습니다. 교회는 박해받고 억압받지만 원수들에게서 구원됩니다. 교부들은 교회에 대한 예형론을 자세하게 설명했는데, 특히 성 암브로시오(339-397)가 그에 대한 저술을 남겼습니다. 이 예형론적 관점은 시간이 지나면서 잊히고 소실되었습니다. 마리아에 대한 배타적이고 개인적인 견해는 끊임없이 극복되어야 합니다. 마리아는 예수 그리스도의 어머니이자 하느님의 어머니이며, 동정녀이고 원죄가 없는 분이라는 특별한 지위를 갖습니다. 많은 신학자와 시인 그리고 신앙인이 수많은 아름다운 노래를 통해 이렇게 말합니다. "마리아에 대해서는 만족할 만큼 말하거나 찬미할 수 없습니다"(Numquam satis de Maria). 이 표현이 틀리지는 않습니다. 하지만 단지 마리아 개인과 관련

된 것이라면 한쪽 면만 강조하는 것입니다. 그녀는 유일하고 특별하게 선택받아 구원 역사에서 사명을 지니며 예형론적으로 전체 교회와 모든 신앙인을 위해 실제로 중요합니다. 마리아는 그녀의 믿음을 통해 모든 신앙인과 그리스도인의 원형이 됩니다. "보십시오, 저는 주님의 종입니다. 말씀하신 대로 저에게 이루어지기를 바랍니다"(루카 1,38). 마리아는 '하느님의 말씀을 듣는 일'에서 모범을 보여 줍니다. 더욱이 그녀는 보고 들은 모든 것을 되새기고 마음에 간직했습니다(루카 2,19 참조). 하느님의 말씀을 듣고 마음에 간직하며 실천에 옮기는 것, 이것은 모든 그리스도인과 교회가 본받아야 할 가장 기본적인 행위입니다. 이렇게 마리아는 믿음과 순종과 겸손, 그리고 기꺼이 응답하는 자발성과 사랑으로 교회의 원형이 됩니다. 마리아는 이 순종과 겸손의 태도로 십자가 아래 충실하게 서 있고, 믿음을 통한 순례 여정과 믿음이 드러나는 십자가 아래에서의 저녁 시간을 우리와 함께 나눕니다.

─────────────────── 오늘날에는 하느님의 뜻을 이루고자 하는 순종, 겸손, 기꺼이 응답하는 태

도와 같은 덕을 높게 평가하지 않고, 자율과 해방과 자기실현을 무엇보다 중요하게 여깁니다. 그러므로 현대인의 눈에 겸손과 순종은 자기 자신을 보호하거나 실현하는 데 도움이 되지 않는 어리석은 일이거나 무능력한 모습으로 보입니다.

─────────────────────── 이것은 우리가 얼마나 복음에서 멀어져 있는지를 보여 주는 명확한 증거입니다. 마리아의 노래는 이 점에 대해서도 말합니다. "마음속 생각이 교만한 자들을 흩으셨습니다"(루카 1,51). 영적 전통은 언제나 겸손을, 몸소 참된 겸손을 보여 주신 그리스도가 우리에게 주는 가르침의 핵심이자 기초로 생각했습니다. 필리피서의 그리스도 찬가는 이렇게 말합니다. "그분께서는 하느님의 모습을 지니셨지만 하느님과 같음을 당연한 것으로 여기지 않으시고 오히려 당신 자신을 비우시어 종의 모습을 취하시고 사람들과 같이 되셨습니다. 이렇게 여느 사람처럼 나타나 당신 자신을 낮추시어 죽음에 이르기까지, 십자가 죽음에 이르기까지 순종하셨습니다"(필리 2,6-11). 예수님께서 죽음에 이르기까지 순종하신 것은 그것이

부활과 영광을 위한 유일한 길이었기 때문입니다.

─────────────────────── 마지막으로 마리아의 노래는 하느님과 그분의 신성을 알려 줍니다. 하느님의 힘은 부서진 것을 강하게 만들기 위해 세상에서 낮고 멸시받고 약한 것을 선택하는 힘입니다(1코린 1,27). 하느님은 "존재하지 않는 것을 존재하도록 불러내시는"(로마 4,17) 분입니다. 하느님의 힘에 대한 마지막 계시는 죽음에까지 이르는 그분의 낮춤입니다. 하느님 당신이 약해지시고 우리의 모든 약함을 몸소 짊어지십니다. 하느님은 이를 통해 당신의 힘을 드러내실 뿐만 아니라 당신이 우리 곁에 계시다는 것과 당신의 인성을 증명하십니다. 마리아의 노래는 이러한 내용을 미리 알려 줍니다.

예수님의 산상 설교

행복 선언

마태 5,3–12

행복하여라, 마음이 가난한 사람들(직역: 하느님 앞에서 가난한 사람들)! 하늘 나라가 그들의 것이다.

행복하여라, 슬퍼하는 사람들! 그들은 위로를 받을 것이다.

행복하여라, 온유한 사람들! 그들은 땅을 차지할 것이다.

행복하여라, 의로움에 주리고 목마른 사람들!
그들은 흡족해질 것이다.

행복하여라, 자비로운 사람들! 그들은 자비를 입을 것이다.

행복하여라, 마음이 깨끗한 사람들!
그들은 하느님을 볼 것이다.

행복하여라, 평화를 이루는 사람들!
그들은 하느님의 자녀라 불릴 것이다.
행복하여라, 의로움 때문에 박해를 받는 사람들!
하늘 나라가 그들의 것이다.

사람들이 나 때문에 너희를 모욕하고 박해하며,
너희를 거슬러 거짓으로 온갖 사악한 말을 하면,
너희는 행복하다! 기뻐하고 즐거워하여라.
너희가 하늘에서 받을 상이 크다.
사실 너희에 앞서 예언자들도 그렇게 박해를 받았다.

바오로

하느님께서 선택하신 이들

1코린 1,27-30

하느님께서는 지혜로운 자들을 부끄럽게 하시려고 이 세상의 어리석은 것을 선택하셨습니다. 그리고 하느님께서는 강한 것을 부끄럽게 하시려고 이 세상의 약한 것을 선택하셨습니다.

하느님께서는 있는 것을 무력하게 만드시려고, 이 세상의 비천한 것과 천대받는 것 곧 없는 것을 선택하셨습니다. 그리하여 어떠한 인간도 하느님 앞에서 자랑하지 못하게 하셨습니다.

그러나 하느님께서는 여러분을 그리스도 예수님 안에 살게 해 주셨습니다. 그리스도께서는 하느님에게서 오는 지혜가 되시고, 의로움과 거룩함과 속량이 되셨습니다.

마리아, 교회의 어머니

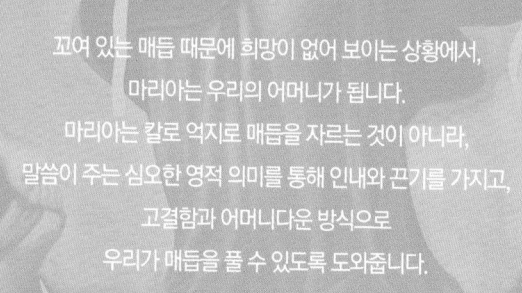

꼬여 있는 매듭 때문에 희망이 없어 보이는 상황에서,
마리아는 우리의 어머니가 됩니다.
마리아는 칼로 억지로 매듭을 자르는 것이 아니라,
말씀이 주는 심오한 영적 의미를 통해 인내와 끈기를 가지고,
고결함과 어머니다운 방식으로
우리가 매듭을 풀 수 있도록 도와줍니다.

하느님의 신비와 구원의 신비는 헤아릴 수 없습니다. 믿음은 전승에 담긴 보화 안에서 항상 옛것과 새것을 발견해 가는 여정입니다. 제게도 이렇게 마리아의 신심이 전해졌습니다. 제2차 바티칸 공의회는 오랫동안 지배적이었던 '개인의 특전'[5]을 지닌 마리아에 대한 신심을 극복하고 마리아를 교회의 신비 안에 새롭게 자리매김하였습니다. 마리아는 무엇보다 교회의 맏딸이

---

5 마리아 개인의 영광에 초점을 맞춘 것으로, 마리아가 하느님의 탁월한 은총의 수혜자라는 것을 강조하는 표현이다. 제2차 바티칸 공의회는 마리아 개인의 특전에 해당하는 '원죄 없으신 잉태' 교의와 '성모 승천' 교의를 교회-구원론 안에 적절히 수용했다고 평가받는다.

자 고귀한 딸입니다. 그리고 또한 믿음 안에서 우리의 자매입니다. 그런데 이것이 다가 아닙니다. 마리아는 그 이상입니다. 교회의 구성원이지만 매우 특별한 위치에 있는 마리아는, '교회의 어머니'입니다.

─────────────── 공의회는 교회 구성원을 돌보는 마리아의 모성에 대해 언급합니다(〈인류의 빛〉 53항). 공의회가 마리아를 '교회의 어머니'로 표현하는 것에 대해 반대 의견도 있었지만, 바오로 6세는 교회에 관한 헌장인 〈인류의 빛〉에서 공식적으로 마리아를 교회의 어머니라고 언급하였습니다. 요한 바오로 2세와 베네딕토 16세 교황 역시 바오로 6세에 이어 《가톨릭 교회 교리서》에서 마리아를 교회의 어머니라고 표현했습니다(《가톨릭 교회 교리서》 963항). 공의회 이후에 '교회의 어머니 마리아'는 교회 내의 단체나 모임의 이름으로 사용되었고, 하느님의 어머니에 대한 기도를 통해 교회 안에서 점점 확산되어 갔습니다. 마침내 프란치스코 교황은 2018년 성령강림 대축일 다음 월요일에 '교회의 어머니 복되신 동정 마리아' 기념일을 지내도록 하였습니다. 이로써 이미 암브로시오와 아우구스

티노가 증언한 바 있는 오랜 전통[6]을 교회가 되새길 수 있게 되었습니다.

―――――――――――――― 새로 제정된 축제를 처음 지내고 그 의미를 생각했을 때, 마리아와 성령강림 사건의 연관성이 떠올랐습니다. 성령이 내려오심으로써 마리아는 예수님의 어머니가 되었고, 교회에 하느님의 아드님을 주셨습니다(루카 1,35). 예수님의 어머니인 마리아는 예수 그리스도의 몸, 곧 교회의 어머니가 되었습니다. 아직 교회가 눈에 보이는 형태를 지니기 전에, 그리고 사도들의 선출과 시몬 베드로의 사명이 실현되기 전에, 마리아는 구원을 선취하는 힘 안에서 믿음을 통해 이 세상에 하느님께서 오시도록 하였고 가시적인 교회가 탄생하게 했습니다.

―――――――――――――― 마리아가 예수님의 사랑을 받는 제자와 함께 십자가 아래 서 있었을 때, 마

---

6 4-5세기 동방 교부들은 마리아가 처음부터 완전한 것이 아니라 다른 인간처럼 신앙이 성숙해져 가는 과정을 거친 것으로 이해했다. 이에 맞서 암브로시오와 아우구스티노는 예수님의 잉태 때에 보여 준 마리아의 순종은 이미 그녀의 확고하고 완전한 신앙과 성덕을 보여 주는 것으로 해석했고 마리아의 무죄성을 강조했다.

리아의 영적인 모성은 완전히 드러났습니다(요한 19,25). 예수님께서 마지막으로 "다 이루어졌다"고 말씀하시고 그분의 영을 맡겨드리기 전에, 그분의 뚫린 심장에서 - 교부들에 따르면 교회의 핵심적 성사인 세례성사와 성체성사의 기원을 나타내는 - 물과 피가 흘러나오기 전에, 십자가의 예수님은 우리에게 마지막 유산을 남겨 주셨습니다. 예수님은 돌아가시는 순간까지도 어머니인 마리아와, 요한 복음에서 제자들의 원형이자 모범으로 제시되었던 사랑받는 제자에게 말씀하십니다. 복음은 이렇게 전합니다. "예수님께서는 당신의 어머니와 그 곁에 선 사랑하시는 제자를 보시고, 어머니에게 말씀하셨다. '여인이시여, 이 사람이 어머니의 아들입니다.' 이어서 그 제자에게 '이분이 네 어머니시다.' 하고 말씀하셨다. 그때부터 그 제자가 그분을 자기 집에 모셨다"(요한 19,26-27). 이렇게 예수님은 어머니 마리아에게, 당신이 죽은 후 두려움에 떨며 혼란스러워할 제자들을 주시어 그들의 어머니가 되게 하시고, 마찬가지로 제자들과 우리 모두에게는 당신의 어머니 마리아를 주시어 우리의 어머니가 되게 하셨습니다.

─────────────────────── 마리아는 망설임 없이 이 관계를 받아들입니다. 우리는 약속된 성령을 청하는 기도에서 제자들 사이에 있는 그녀를 발견합니다. 성령은 첫 번째 오순절 때에 제자들과 함께 있는 마리아에게도 내려오십니다(사도 1,14; 2,1-4). 마리아는 사도들의 공동체에서 교회의 영이기도 한 성령을 청하는 중재자입니다. 성령은 교회 안에 머물러 계시면서 선교의 여정을 인도하십니다. 그녀는 단지 교회의 시작에 함께하는 것이 아니라 교회와 세상을 위한 밝은 희망으로 남아 있습니다. 그녀는 어머니와 같은 청원을 통해 생명과 성실과 성령의 불을 나누어 주는 분입니다.

─────────────────────── 성령강림 후, 사도행전에는 더이상 마리아에 대한 언급이 나오지 않습니다. 이제 사도들, 특별히 베드로와 바오로가 등장하고 그들의 제자인 바르나바, 마르코, 루카, 티모테오와 티토가 중심이 됩니다. 마리아는 성령강림 이후의 상황에서 겸손한 동정녀로 배경이 되어 서 있습니다. 사랑받은 제자는 마리아를 "자기 집"에 모십니다(요한 19,27). 여기서 '자기 집'은 실제의 집을 말하는 것이 아니라 마

리아가, 사랑받은 제자가 사도로 활동하고 복음을 선포할 때 함께했다는 것을 의미합니다. 마리아는 교회라는 집 안에 감추어져 있지만, 어머니이자 기도의 중재자로서 그 영향력은 결코 미약하지 않습니다.

─────────────── 이처럼, 마리아는 오순절에 내린 성령의 불이 꺼지지 않고 그 효과가 지속되기를 염원합니다. 그래서 교회가 성령을 청하도록 가르치고, 그녀 자신도 교회를 위해 기도합니다. 마리아는 기도 안에서 머물며 숙고하는 것이 무엇인지를 우리에게 보여 주고, 성령의 활동을 향해 열려 있도록 우리의 내적 자세를 준비시켜 줍니다. 이를 통해 우리도 겸손해지고, 자기 자신을 전면에 내세우지 않게 됩니다. 마리아는 몸의 허파처럼 교회가 영적으로 숨을 쉴 수 있도록 해 주어, 모든 환난 가운데에서 힘과 위로와 용기를 통해 기쁨을 주고, 지치고 힘든 상황에서도 성령강림 때의 활기와 열의를 북돋아 줍니다.

─────────────── 오늘날 세상의 속된 생각이 아닌 성령, 예수 그리스도의 영, 사랑과 진리와 정의의 영, 자유와 평화의 영이 교회와 세상에 퍼져 나

가기 위해서는, 어머니 마리아의 도움이 이전보다 훨씬 더 필요합니다. 우리에게는 마리아의 방식이 필요합니다. 기도와 침묵의 공간, 하느님과 사람들에게 진심으로 '예'라고 말하며 봉사하고 도울 준비가 된 겸손이 필요합니다.

―――――――――――― 리옹의 이레네오(135-200) 교부는 마리아를 '매듭을 푸는 성모님'이라고 부르며, 순종을 통해, 첫 하와가 묶어 놓은 매듭을 푸는 분으로 소개합니다. 이제 마리아는 어머니로서, 교회가 매듭을 풀 수 있도록 중재하며 도와줍니다. 교회는 지난 수 세기에 걸친 순례 여정 중 힘겨운 상황이 생길 때마다 언제나 새롭게 풀어야만 하는 매듭과 직면했고, 오늘날은 더 그렇습니다. 교회와 세상에는 해결하고 풀어야 할 매듭이 있습니다. 많은 사람의 단단하고 완고한 마음이라는 매듭, 몰이해와 적개심이라는 매듭, 세상의 혼란스럽고 어려운 상황이라는 매듭입니다. 이 매듭들은 우리를 위협할 만큼 점점 커지고 서로 뒤얽혀 풀 수 없을 것처럼 보입니다. 이렇게 꼬여 있는 매듭 때문에 희망이 없어 보이는 상황에서, 마리아

는 우리의 어머니가 됩니다. 마리아는 칼로 억지로 매듭을 자르는 것이 아니라, 말씀이 주는 심오한 영적 의미를 통해 인내와 끈기를 가지고, 고결함과 어머니다운 방식으로 우리가 매듭을 풀 수 있도록 도와줍니다. 그래서 마리아는 의심하는 상황에서 의견을 주시는 '착한 의견의 어머니'로 공경을 받습니다. 사람들이 더 이상 길을 찾지 못할 때, 하느님께서는 그녀 안에서 길을 발견했습니다. "하느님께는 불가능한 일이 없기" 때문입니다(루카 1,37).

─────────────────── 중세 신비가들이 말한 것처럼 마리아는 어머니로서 우리를 위해 간청합니다. 그리스도께서 성령을 통해 우리 마음에 새롭게 태어나시고, 우리가 십자가 아래에 서 있는 것처럼 힘든 시간을 보낼 때, 성령을 통해 힘과 위로를 얻도록 마리아가 기도합니다. 마리아는 우리가 영원한 생명을 향해 부활하게 될 마지막 여정에 이르기까지 우리와 함께합니다. 마리아는 교회의 어머니로서 성령을 통해 교회가 겪는 진통에 함께합니다. 교회는 오늘날까지도 묶여 있는 옛 매듭을 풀고 하느님의 자녀들이 자유롭게

되도록 해방되어야 하며(갈라 5,1), 새로운 성령강림을 통해 예수 그리스도의 충만한 경지에 이르도록 성장해야 합니다(에페 4,13). 마리아는 산상 설교의 행복 선언(마태 5,3-11)이 새 창조의 진통을 통해 실현되기를 간구합니다(로마 8,22). 그리고 백성을 대표하는 여인으로서 이미 '마리아의 노래'에서 찬미한 것처럼, 하느님께서 마음이 교만한 자들을 흩으시고 통치자들을 왕좌에서 끌어내리시고 비천한 이들을 들어 높이시며 굶주린 이들을 좋은 것으로 배불리시고 부유한 자들을 빈손으로 내치시도록(루카 1,51-53) 간구합니다.

──────────────── 마리아의 노래는 마리아 신심이 아름답고 매력적이지만 완전히 세속적이거나 유쾌하지만은 않다는 것을 보여 줍니다. 마리아는 백성을 대표하는 여인이고 굳은 희망을 주는 여인으로, 모성으로 간청하고 위로하는 분이며, 희망이 없는 모든 사람의 피난처이고, 활기를 잃고 무기력한 이들에게 용기를 주는 분입니다. 또한 마리아는 힘든 시기에 사나운 폭풍이 몰아치는 바다를 순례하는 교회를 인도해 주는 분입니다. 마리아 공경에는 한계가 없습

니다. 마리아에 대한 공경은 지금도 우리에게 필요한 몫이고, 좋은 몫입니다. 그러므로 '교회의 어머니 복되신 동정 마리아' 기념일은 가장 적절한 시기에 우리에게 주어졌습니다.

마리아,
살아 있는 모든 이의 어머니

하와가 자신의 죄로 인해 죽음을 가져왔다면,
이제 마리아는 생명을 가져옵니다.
마리아는 구원자의 어머니로서 새로운 생명의 통로가 되었습니다.
단순히 지상의 생명뿐 아니라 영원한 생명의 통로입니다.

마리아라는 인물이 지닌 의미는 구약과 신약의 백성을 나타내는 것, 곧 교회의 상징이자 원형이라는 것에 그치지 않습니다. 마리아가 지닌 의미는 교회의 범위를 넘어섭니다. 마리아는 신약성경이 암시하고 교부들이 명확히 언급한 대로 새로운 하와입니다. 그러므로 마리아는, 눈에 보이는 교회와의 관련성을 초월하여 온 인류에게 중요한 의미를 지니는 존재입니다.

─────────── 마리아의 이러한 특성은 신약성경에서 어느 정도 감추어진 채로, 그러나 꽤 여러 곳에서 소개됩니다. 천사는 마리아가 하느님 아

들의 어머니 그리고 메시아와 같은 구원자의 어머니가 되고 그분의 통치는 끝이 없으리라고 마리아에게 알립니다(루카 1,33 참조). 예수님을 고대한 것은 단지 백성만이 아닙니다. 그분은 선한 의지로 모든 이의 희망을 채워 주시는 분이고 온 인류의 구원자이십니다. 그렇기에 루카는, 마태오처럼 아브라함에서 시작되는 족보가 아닌, 더 거슬러 올라가 아담에까지 이르는 예수님의 족보를 보여 줍니다(루카 3,23-38 참조). 루카는 복음을 포괄적 전망 안에 둡니다. 루카 복음은 단지 이스라엘 백성의 구원 역사가 아닌, 세상 역사 안에서 선포됩니다. 성탄 이야기에서 아우구스투스 황제를 언급하는 것이 좋은 예입니다(루카 2,1 참조).

──────────────── 마리아는 구원자의 어머니가 되도록 부름받았고, 그것을 통해 '살아 있는 모든 이의 어머니'인 하와의 후손이 됩니다(창세 3,20). 하와는 불순명 때문에 생명이 아닌 죽음의 통로가 되었습니다. 하와가 자신의 죄로 인해 죽음을 가져왔다면, 이제 마리아는 생명을 가져옵니다(《인류의 빛》 56항). 마리아는 구원자의 어머니로서 새로운 생명의 통로가 되

었습니다. 단순히 지상의 생명뿐 아니라 영원한 생명의 통로입니다. 하느님께서 아브라함에게 하신 약속은 마리아의 아들을 통해 실현됩니다. "세상의 모든 종족들이 너를 통하여 복을 받을 것이다"(창세 12,3). 이렇게 역사에서는 옛 계약이 특정한 백성을 향하고 있지만 궁극적으로는 보편성을 띱니다. 제2차 바티칸 공의회가 말하듯이, 교회 역시 자신을 위해 존재하거나 자신 안에 갇혀 활동하는 것이 아니라 온 인류의 일치를 위한 표징이며 도구입니다(《인류의 빛》, 1항 참조).

─────────────────── 마리아는 기도하는 사람이기에, 그녀의 손은 받아들이기 위해 펼쳐져 있습니다. 그리고 마리아는 자기 자신에게서 아무것도 기대하지 않고 하느님으로부터 오는 모든 것을 기다립니다. 마리아는 가장 먼저 창조물의 가난을 깊이 이해합니다. 하느님은 단지 가난한 이들을 부르실 뿐 아니라 존재하지 않는 것도 불러내는 분이십니다(로마 4,17 참조). 마리아는 예수님의 승천 후에 사도들, 제자들 그리고 일부 여자들과 함께 최후 만찬을 거행했던 장소에 모여 성령이 오시도록 기도합니다(사도 1,14 참조). 마

리아는 우리가 교회를 세울 수 없을 뿐 아니라 교회의 일치도 실현할 수 없다는 것을 알고 있습니다. 그것은 성령께서 하시는 일입니다. 마리아는 관상적 삶을 살아가며 기도하는 교회의 모범입니다. 교회가 역동적으로 선교하는 삶을 살려면 관상과 기도가 바탕이 되어야 합니다.

─────────────────── 마리아는 창조물의 가난을 아는 동시에 존엄성도 이해합니다. 성 아우구스티노(354-430)는 이것을 놀라운 문장으로 정리했습니다. "어떤 도움도 없이 사람을 창조하신 하느님께서는 사람의 도움 없이 사람을 구원하길 원하시지 않습니다." 이것은 하느님께서 사람과 함께 활동하길 원하시고 사람의 참여 없이 사람을 구원하지 않으신다는 뜻입니다. 창조물은 하느님을 위한 꼭두각시가 아닙니다. 그렇기에 하느님은 인류의 구원을 위해 당신의 제안을 받아들이고, "말씀하신 대로" 이루어지도록 "예"라고 말할 준비가 되어 있는 창조물을 필요로 합니다. 마리아는 성 토마스 아퀴나스(1225-1274)가 기록한 것처럼 "전 인류의 이름으로"(loco totius generis humani) "예"라

고 응답했습니다. 마리아는 단지 이스라엘을 대표하거나 교회를 대표하는 것이 아니라 전 인류를 대표합니다. 이를 통해 마리아는 그리스도교 외의 다른 종교에서도 공경의 대상이 된다는 것을 더 쉽게 이해할 수 있을 겁니다. 무슬림의 코란에서도 마리아는 아주 고귀한 분으로 그리고 동정녀로 공경을 받습니다. 그 밖의 많은 이가 마리아에게 매력을 느끼고 그녀에게서 모범적인 인간상을 발견합니다. 이 모든 것은 우연히 상상 속에서 마리아를 하늘의 여왕으로 생각하는 인간 정신의 투영이 결코 아닙니다. 수많은 피에타 상을 통해 알 수 있는 것처럼, 대중 신심에서 마리아는 무엇보다 고통의 어머니입니다. 죽은 아들을 품에 안은 어머니는 사람들이 처한 상황의 가장 깊은 내면을 이해하는 이의 표상입니다. 마리아는 자녀로 인해 슬퍼하는 수많은 어머니의 자매이자, 가난하고 억압받고 혼돈에 빠진 보잘것없고 소외된 이들의 자매입니다. 하지만 마리아는 또한 기쁨과 희망으로 가득한 이들의 자매이기도 합니다. 그런 의미에서 마리아는 참으로 인류의 자매입니다.

13세기

고통의 어머니

아들예수 높이달린 십자곁에 성모서서 비통하게 우시네.
섧고설운 슬픔고통 성모성심 칼에 찔려 참혹하게 뚫렸네.
독생성자 수난하니 여인중에 복된성모 애간장이 다녹네.
아들수난 보는성모 맘저미는 아픔속에 하염없이 우시네.
예수모친 이런고통 지켜보는 우리죄인 누가울지 않으리?
십자가의 아들보며 함께받는 성모고통 누가슬퍼 않으리?
우리죄로 채찍모욕 당하시는 아들예수 성모슬피 보시네.
기진하여 버려진채 죽어가는 아들보고 애처로이 우시네.
사랑의샘 동정성모 저희들도 슬퍼하며 함께울게 하소서.
그리스도 하느님을 사랑하는 네마음에 불이타게 하소서.
어머니께 청하오니 제맘속에 주님상처 깊이새겨 주소서.
저를위해 상처입고 수난하신 주님고통 제게나눠 주소서.
사는동안 십자고통 성모님과 아파하며 같이울게 하소서.
십자곁에 저도서서 성모님과 한맘으로 슬피울게 하소서.
동정중의 동정이신 성모님의 크신슬픔 저도울게 하소서.
주님상처 깊이새겨 그리스도 수난죽음 지고가게 하소서.

저희들도 아들상처 십자가위 흘린피로 흠뻑젖게 하소서.
동정성모 심판날에 영원형벌 불속에서 저를지켜 주소서.
그리스도 수난공로 십자가의 은총으로 보호하여 주소서.
이몸죽어 제영혼이 천국영광 주예수님 만나뵙게 하소서.

마리아,
가톨릭 신앙 안에 계신 분

마리아에 대한 교회의 가르침은
순수하게 지성적으로 생각한 결과가 아니라,
오히려 영적 묵상과 수백 년간 지속되어 온
교회의 살아 있는 경험의 결실입니다.

지금까지 성경이 증언하는 내용을 살펴본 결과, 마리아에 대한 믿음의 근거를 성경의 구체적인 본문이나 증언에서 찾을 수는 없었습니다. 오히려 마리아는 성경이 증언하는 내용 전체에 해당합니다. 마리아는 이스라엘 백성, 교회를 의미하는 새로운 계약의 백성, 그리고 전 인류와 맺는 계약을 의미합니다. 마리아는 성경의 주변이 아닌 중심에 있습니다.

─────── 그리고 앞으로 소개할 몇몇 관점의 밑바탕에는 이러한 성경의 기본적인 증언이 감추어져 있습니다. 성경을 피상적으로 읽거나 전

체가 아닌 각각의 개별 이야기로 읽는 사람은 이 사실을 발견하지 못합니다. 마음이 머리보다 사물을 더 잘 이해할 때가 많습니다. 그러므로 마리아를 온전히 이해하기 위해서는 영적 시각이 필요합니다. 마리아에 대한 교회의 가르침은 순수하게 지성적으로 생각한 결과가 아니라, 오히려 영적 묵상과 수백 년간 지속되어 온 교회의 살아 있는 경험의 결실입니다.

──────────── 지금까지 성경의 증언에 대해 말했고 이제부터 가톨릭 신앙 안에서 마리아 신심의 근거를 알아보려고 합니다. 물론 여기에서 가톨릭의 마리아론 전체를 소개할 수는 없습니다. 단지 교회에서 말하는 마리아 교의에 대한 몇 가지 관점을 제공할 수 있을 것입니다.

하느님을 낳은 마리아

마리아에 관한 교의 전체에서 가장 중심이 되는 표현으로 시작해 봅시다. 마리아는 '하느님을 낳은 분'(테오토코스, *theotokos*)입니다. 이 교의는 세 번째 세계 공의회인 에페소 공의회(431)가 선언하였습니다. 아니, 마침내 선포되었다는 표현이 더 맞겠습니다. 공의회는 마리아를 하느님의 어머니로 부르기를 거부하고 단순히 '그리스도의 어머니'(크리스토토코스, *Christotokos*)로 불러야 한다는 네스토리우스에 맞서 교회의 가르침을 옹호했습니다. 이 문제에 대해 알렉산드리아의 치릴로와 잦은 논쟁이 있었습니다. 치릴로의 주장은 다음과 같습니다. 하느님의 아드님, 곧 말씀(영원한 하느님의 말씀)은 요한 복음이 말하는 것처럼(요한 1,1-3.14), 예수 그리스도 안에서 결정적으로 완전하게 인성人性과 결합했습니다. 인간 본성과 신적 본성은 지성적 차원에서 결코 서로 분리될 수 없는 방식으로 결합되어 있습니다. 만일 마리아가 인간 본성을 낳는다면, 이것은 말씀의 본성과 밀접하게 결합되고 일치하게 됩니다. 결국 마리아는 신적 본성을 낳은 것입니다. 하느님은 예수 그리스도 안에서 인류를 향해서 결정적으로 "예"라고 말씀하고 계십니다(2코린 1,19-20 참조). '하느님의 어머니'(*theotokos*)라는 용어는 하느님의 "예"이자 종말론적 의미의 "예"를 나타내는 표징으로 사라지지 않습니다.

──────────────────── 실제로 마리아에 대한

교의를 거부하는 움직임의 끝자락에 그리스도의 신성을 말하는 그리스도론 교의 역시 위협받고 부정되기 시작했습니다. 그러므로 마리아에 대한 교의는 그리스도에 대한 믿음의 보증이자 보루입니다. 이런 의미에서 에페소 공의회가 선포한 교의는 지금까지도 중요한 의미를 지닙니다. 그리스도교 신앙의 정수를 보호하도록 도와줍니다. 말씀(*Logos*)의 인격 안에서 참하느님과 참인간이 일치한다는 것이 예수 그리스도에 대한 우리의 믿음입니다.

─────────────── 다른 표현으로 마리아는 하느님과 그분 백성 사이에, 그리고 하느님과 전 인류 사이에 맺은 계약의 표징이자 대리자입니다. 마리아는 하느님이자 인간이신 예수 그리스도의 탄생을 통해 이 계약이 정점에 이르게 합니다. 마리아는 우리에게 말합니다. 하느님은 당신의 창조물을 고통 속에 버려두지 않으시고 예수 그리스도를 통해 결정적으로 선택하고 받아들이십니다(에페 1장 참조). 제2차 바티칸 공의회는 하느님께서 예수 그리스도 안에서 "모든 사람을 결합하셨다"고 선언하고(〈기쁨과 희망〉 22항), 이렇게

인간은 절대로 하느님이나 희망이 없는 상황에 놓이지 않는다고 천명합니다. 하느님은 그리스도를 통해 모든 길에서 우리와 동행하시고 어떤 상황에서도 우리와 함께 계십니다.

─────────────── 하느님과 전 인류가 맺은 계약의 표징인 마리아는 하느님께서 우리를 참으로 사랑하시고 그래서 우리의 역할을 결코 하찮게 여기지 않는다는 사실을 드러냅니다. 그래서 하느님은 온전히 신적 행위인 강생의 신비에서조차도 인간과 함께 일하셨습니다. 다시 말해, 마리아의 믿음에서 오는 "예"를 필요로 했던 것입니다. 이렇게 마리아는 오늘날 사람들이 흔히 말하듯이, 단지 육체적이거나 생물학적 관점에서 예수님과 하느님의 어머니가 된 것이 아닙니다. 마리아는 전 인격을 통해, 그리고 영적 순종을 통해 하느님의 어머니가 됩니다. 탄생 예고를 주제로 한 고미술들에서 성령은, 탄생 예고와 수태의 순간에 귀를 통해 동정녀 안으로 들어가는 것으로 묘사됩니다. 예수님은 '마리아의 들음'을 통해 잉태되셨습니다(conceptus ex auditu). 이 그림들은 창조의 힘과 순종을 통한 잉태

와 출산을 매우 훌륭하게 표현합니다.

동정녀 마리아

'하느님의 어머니'에 대한 생각은 자연히 다음 주제로 연결됩니다. 하느님의 어머니에 대한 교의는 마리아의 동정성에 대한 교의와 분리될 수 없기 때문입니다. 루카와 마태오 복음은 마리아의 동정성에 대해 말합니다. 그리고 이미 가장 오래된 신앙고백에도 "동정 마리아께 잉태되어 나시고"라는 언급이 나옵니다. 예수님의 어머니이며 하느님의 어머니이신 분은 또한 동정녀입니다.

─────────── 이 교의는 다양한 이유로 받아들여지지 않거나 자주 강한 반대에 부딪힙니다. 이 교의는 학문적으로 이집트 다신교의 영향을 받았을 것으로 보입니다. 여기에서 이 문제를 자세히 다루지는 않겠습니다. 다만 실제로는 유사한 내용을 발견할 수 없고, 성경에 영향을 준 것으로 보이는 이집트의 표상을 지금까지 어느 누구도 구체적으로 제시하지 못했다고 말하는 것으로 충분할 듯합니다. 이 주제에

대한 논의는 이 분야의 전문가인 학자들에게 맡겨 두겠습니다.

─────────────────── 오늘날 자주 듣게 되는 것은 두 번째 비판입니다. 이것은 학문에 바탕을 둔 것이 아니라 현대의 심성과 삶의 전망에서 생겨납니다. 이 주장은 동정성에 관한 교리를 성적인 것으로 평가절하합니다. 실제로 이런 경향은 성경의 사고방식에 완전히 대치됩니다. 성경은 성性을 현실적인 것으로, 그리고 창조주의 선물로 이해합니다. 또한 성을 절대적으로 보고, 성을 우상에 종속된 것으로 보는 생각도 성경과는 대치됩니다. 신약성경은 우리에게 성이 자유 의지에 속한 문제이며 순수하게 인간적인 것이라고 말합니다. 성의 문제는 다른 가능성이 있기 때문에 자유로운 것입니다. 그렇기에 동정성은 성에 종속되지 않습니다. 오히려 동정성은 성에 인간적 존엄을 부여합니다.

─────────────────── 다시 마리아의 동정성에 관한 신학적 의미를 살펴보겠습니다. 동정성에 관한 교리는 그리스도론적 의미를 배경으로 합니다. 동

정성은 구약성경과 마리아의 노래가 전하는 공통된 메시지, 즉 하느님께서 구원 역사에서 역설적인 방식으로 일하시며, 가난하고 약하고 출산하지 못하는 이들 편에 서신다는 그 내용과 연결됩니다. 마리아의 동정성은, 하느님께서 세상의 권력이나 혈통과 육욕에 기원을 두지 않는 예수 그리스도를 통해 새롭게 일하기 시작하신다는 것을 암시합니다(요한 1,13 참조). 마리아의 동정성은, 한편으로 예수 그리스도 안에서 이루어지는 하느님의 구원 업적에서 하느님이 지니신 주도권과 은총을 위한 보증이자, 그리스도와 함께 시작하는 새 창조의 표징입니다.

─────────────────── 다른 한편으로 동정성은 인간학적 의미를 지닙니다. 동정성은 마리아가 온전히 준비되어 있다는 것과, 하느님과 그분의 업적·계획·뜻을 향해 열려 있다는 것을 나타냅니다. 그렇기에 동정성은 마리아가 지닌 믿음의 육체적 표현입니다. 마리아는 구원 역사 안에서 자신이 파견되는 것과 자신에게 맡겨진 역할을 온전히 받아들입니다. 이런 의미에서 마리아의 지속적 동정성은 수도 생활과 독신

의 삶을 살아가는 데 큰 영향을 주었습니다. 수도 생활 역시 이 교의 발전에 공헌했습니다. 마리아는 온전히 하느님과 그분의 나라, 예수 그리스도와 그분의 교회를 위해 헌신하는 삶을 살아가는 봉헌된 이들의 수호성인이자 모범입니다.

모든 그리스도교의 유산

두 가지 교의, 곧 '하느님의 어머니' 마리아와 '영원한 동정녀' 마리아는 마리아에 대한 교회의 기본 가르침입니다. 이 교의는 모든 그리스도교의 공통된 유산입니다. 정교회 역시 예외가 아닙니다. 하느님의 어머니 (*theotokos*) 마리아에 대한 정교회의 깊은 공경은 이콘과 전례에서 부르는 수많은 마리아 찬가에서 보고 들을 수 있습니다. 종교개혁가들 역시 첫 번째 세계 공의회의 전통과 신앙고백을 통해 마리아를 하느님의 어머니이자 동정녀로 받아들였습니다. 사람들은 마리아의 노래에 대한 루터의 훌륭한 해설을 기억합니다. 전통 루터교 신자들은 교회력 안에 마리아의 축일들을 포함시켰습니다. 오늘날까지 마리아의 축일을 지내고 아름다운 마리아의 찬미가를 보존하고 있는 성공회는 더욱 두드러진 예입니다.

─────────────────── 그런데 마리아의 '원죄 없는 잉태'와 '성모 승천'에 관한 교의에 대한 반응은 전혀 달랐습니다. 두 교의는 비교적 최근, 즉 동방교회의 분리(1054)와 16세기 종교개혁 이후에 발표되었습니다. 원죄 없는 잉태 교의는 1854년에 비오 9세 교황에 의해, 그리고 성모 승천 교의는 1950년에 비오 12세에 의해 발표되었습니다. 두 교의는 그리스도교의 공통 전승에 속하지 않는다는 이유로 그리스도교의 서로 다른 교파 사이에서 문제가 되었고 논쟁을 불러 왔습니다.

─────────────────── 제가 이 교의를 '최근의 것'이라고 말한 것은 단순히 교의로서 선포된 시기만 볼 때, 그렇다는 것입니다. 사실, 그 뿌리는 훨씬 더 오래되었고, 가톨릭 전승에 의하면 이 교의는 성경이 말하는 최종 결론에 바탕을 둡니다. 무엇보다 오래된 다른 교의들, 특히 마리아의 삶을 해석하는 열쇠이자 구원 역사에서 마리아의 역할을 말하는, '하느님의

어머니' 마리아에 대한 교의와 연관이 있습니다. 마리아의 삶에서 원죄 없는 잉태는 시작이고 성모 승천은 삶의 마지막입니다. 원죄 없는 잉태는 마리아가 하느님의 어머니가 되기 위한 전제이고 성모 승천은 그 결과라고 말할 수 있을 것입니다.

마리아의 선택

원죄 없는 잉태는 하느님의 어머니가 되기 위한 전제 조건이라고 할 수 있습니다. 왜냐하면 마리아가 지닌 하느님의 어머니라는 특성은 그녀가 하느님의 아드님을 위한 순수한 성소聖所라는 사실을 전제로 삼기 때문입니다. 그렇기에 마리아는 "이루어지소서"라고 말할 수 있었고, 그것이 실현되도록 할 수 있었습니다. 마리아는 "은총이 가득한" 분이기 때문입니다(루카 1,28 참조). 마리아의 순종은 자율적이고 인간적인 행위가 아니라 하느님의 선물인 믿음의 행위입니다. 마리아는 은총으로 가득했기에, 하느님을 향해 자신을 완전히 열고 자신의 사명을 받아들일 수 있었습니다. 하느님께서 마리아를 찾아오셨기에, 마리아는 하느님께 온전히 내어 드릴 수 있었습니다.

─────────────────── 이미 초대 교회가 이해한 것처럼, 마리아가 아무런 흠이나 죄가 없는 분이라는 것을 알 수 있습니다. 마리아는 동방교회에서 말하는 것처럼 '판하기아'(Panhagia), 가장 거룩한 분, 곧 거룩하신 동정녀 마리아이자 성령의 신부입니다. 하지만 교회가 광범위한 동의를 얻어 마리아를 '원죄 없는' 분이라고 고백하고 선포하기까지는 많은 시간과 숙고와 묵상이 필요했습니다. 원죄가 없다는 것은, 마리아가 존재하는 시작부터, 말하자면 그녀가 잉태되는 순간부터 흠이나 죄가 없다는 의미입니다. 그런데 여기에는 문제도 있습니다. 마리아에 대한 이 가르침이 원죄와 그리스도의 구원에 대한 보편적 가르침과 일치할 수 있는지 여부입니다. 프란치스코회의 신학자들은 마침내 해결책을 찾았는데, 그들은 마리아 역시 그리스도의 은총으로 구원되었을 것이라고 설명합니다. 이 구원은 마리아가 존재하는 첫 순간부터 시작되었고, 그리스도께서 십자가에서 완성할 은총을 마리아에게 미리 부여했을 것이라는 생각입니다. 또한 이렇게 말할

수도 있습니다. 마리아는 예수 그리스도 안에서 시작되는 새로운 창조의 여명입니다. 태양과 같으신 예수님은 마리아를 통해 빛을 비추고 새로운 날을 선포하십니다.

─────────────────── 이렇게 우리는 다시 중심이 되는 생각에 머물게 됩니다. 마리아는 계약의 표징입니다. 모든 죄에서 보호받고 원죄가 없는 마리아는 창조와 함께 시작되고 반드시 이루어질 하느님 계획의 표징입니다. 하느님과의 계약은 절대 철회되지 않습니다. 하느님의 뜻은 마리아 안에서 보이지 않은 채로 남아 있습니다. 그리고 교회를 '거룩하고 흠 없는' 신부로 받아들이는 하느님의 계획은 마리아의 인격 안에서 실제로 이루어집니다. 마리아는 이렇게 이스라엘과 온 인류와 맺은 계약은 사라지지 않는다는 것, 우리가 신경에서 거룩하다고 고백하는 교회는 단지 동떨어진 이상이 아니라 적어도 마리아 안에서 실재한다는 것을 확인시켜 줍니다. 우리는 마리아 안에서 창조물을 위한 하느님의 계획과 교회 본연의 모습을 알게 됩니다. 하느님과 맺은 계약의 종말론적 목표는, 마리아

를 선택하시는 인간적 방식을 통해 구체적으로 이해될 수 있습니다. 신학자들은 이렇게 말합니다. 마리아는 실현된 종말론이자 신실하신 하느님에 대한 표징이고, 우리가 믿음 안에서 확신을 갖게 하는 근거입니다.

마리아의 승천

우리는 이미 성모 승천, 곧 마리아의 몸이 천상 영광에로 받아들여졌다는 교의를 통해 종말론적 차원을 언급했습니다. 이것은 마리아가 승천과 함께 종말론적 목적지에 도달했다는 것을 의미합니다. 1950년에 이 교리가 반포되었을 때, 신학자들 사이에 뜨거운 토론이 있었습니다. 일부는 성경이나 초대 교회 전승에서 이 교의를 찾을 수 없다고 판단했습니다. 실제로 이 내용은 외경의 증언이고, 믿을 만한 것으로 생각되는 증언은 기원후 6세기가 되어서야 등장합니다. 이 내용과 함께 인용될 수 있는 유일한 성경 본문은 엘리사벳의 말입니다. "행복하십니다 … 믿으신 분!"(루카 1,45) 예수님 역시 하느님의 말씀을 듣고 지키는 이들은 행복하다고 말씀하십니다(마르 3,35; 루카 11,28 참조). 마리아는 온전히 믿는 분이었기에, 그녀를 위한 믿음의 약속은 모두 이루어집니다. 마리아는 하느님 곁에서 천상 영광을 누리는 행복한 분입니다.

─────────────── 그 외에 다른 이유도 있습니다. 성모 승천 교의는 마리아가 하느님의 어머니이며, 평생 동정이시고, 원죄 없이 잉태되셨다는 가르침과 깊은 관계가 있습니다. 이 가르침들은 마리아가 아드님이 지닌 운명과 내적으로 일치되어 있다는 것을 보여 줍니다. 이 내적 일치는 그리스도의 죽음과 부활에서도 분리되지 않습니다. 만일 원죄 없는 잉태가 마리아를 온 인류의 종말론적 표상으로 드러낸다면, 마리아가 지상 삶이 끝난 뒤에 육체와 영혼과 함께 온전히 종말론적 영광에로 들어 올려졌다는 것은 '자연스러운' 것이라고 말할 수 있습니다. 이미 우리 삶의 목표 역시 그녀에게서 드러납니다. 그녀는 "바다의 별"로 바다 위에 있는 우리를 비추고, 우리에게 길을 알려 주며, 우리 삶의 여정에 희망을 줍니다.

─────────────── 마리아는 말합니다. 하느님은 "죽은 이들의 하느님이 아니라 산 이들의 하느

님이시다"(마태 22,32). 죽음은 마지막 말이 아닙니다. 죽음은 생명으로 극복될 것입니다. 바오로 사도는 기쁨에 차서 질문합니다. "죽음아, 너의 승리가 어디 있느냐? 죽음아, 너의 독침이 어디 있느냐?"(1코린 15,55) 이렇듯 성모 승천 교의는 추상적이고 무미건조한 표현이나 가르침이 아닌, 일종의 찬미이자 찬양이고 찬가입니다. 마리아는 성 이레네오가 한 말을 되새기게 합니다. "하느님의 영광은 살아 있는 인간입니다"(Gloria Dei est vivens homo).

한 송이 장미가 피었네

한 송이 장미가 피었네
연약한 뿌리에서
예언자들이 우리에게 노래한 것처럼
이사이의 그루터기에서
한겨울에 한밤중에
작은 꽃 한 송이가 피어났네

내가 생각하는 작은 장미 송이
이사야가 말한 것처럼
순수한 마리아라네
우리에게 작은 꽃을 가져다주신 분
하느님의 영원한 말씀에서
그녀는 작은 아이를 낳았네
깨끗한 여종으로 남았네

진심으로 기도하오니
존귀한 여왕이여

당신 아드님의 고통을 통해
이 슬픔의 골짜기에서 벗어나
그곳을 향해 갈 때
당신은 우리와 함께하소서

우리는 모든 것에 아멘이라 외치며
이제야 이루어졌네
우리가 기다렸던 것들이
오 예수님, 우리가 하느님 나라에 들도록
우리를 도와주소서
거기서 당신을 찬미하고 싶습니다
하느님께서 우리에게 허락하소서

1599년 슈파이어(Speyer)에서

마리아, 저희를 위하여 빌어주소서

마리아는 희망의 표징일 뿐 아니라 희망의 도구입니다.
마리아가 우리에게 말합니다.
이것은 무의미하거나 공허한 희망이 아니고
기다림도, 환상도, 우리가 가진 열망의 투영도 아닙니다.
이것은 믿음의 실현입니다.

마리아는 단순히 역사적 인물이 아닙니다. 그녀는 구원 역사에서 중요한 인물입니다. 마리아는 승천하여 이곳에 없는 것이 아니라 현존합니다. 교회의 머리이신 예수 그리스도의 어머니로, 그리스도의 몸인 교회의 어머니로, 예수님의 형제자매들의 어머니로, 모든 신앙인과 인류의 어머니로 현존합니다. 마리아의 모성은 이미 1세기에서부터 줄곧 우리 믿음의 내용이었습니다. 우리가 알고 있는 가장 오래된 기도는 '일을 마치며 바치는 기도'입니다.

──────────────── 이미 첫 그리스도인들

은 마리아가 천상의 영광 안에서 진정한 어머니로서 자녀들을 돌본다는 것을 확신했습니다. 그렇기에 모든 위급한 상황이나 어려움에서, 그리고 특별히 교회가 위험에 처했을 때 우리는 마리아를 부릅니다. 또한 (독일에는) 겉옷 아래로 신앙인들을 보호하는 하느님의 어머니를 표현한 그림도 많습니다.

─────────────────── 마리아는 그리스도와 그분의 삶 전체를 통해 이룬, 십자가 죽음에 이르기까지의 구원 업적을 아주 가까이에서 함께했습니다. 그러므로 어떤 면에서는, 그녀가 은총의 어머니로서 그리스도의 역할에 참여했다고 말할 수 있습니다. 하지만 주의를 기울일 필요가 있습니다. 마리아는 그리스도와 동일한 의미에서 중개자는 아닙니다. 왜냐하면 그리스도만이 하느님과 사람들 사이의 유일한 중개자이시기 때문입니다(1티모 2,5-6 참조). 마리아는 단지 그리스도의 중개 역할에 참여하는 의미에서 중개자입니다. 제2차 바티칸 공의회는 이렇게 말합니다. "사람들에 대한 마리아의 어머니 임무는 그리스도의 이 유일한 중개를 절대로 흐리게 하거나 감소시키지 않고 오히

려 그리스도의 힘을 보여 준다. 사실 복되신 동정녀께서 사람들에게 미치시는 모든 구원의 영향은 사물의 어떤 필연성이 아니라 하느님의 호의에서 기인하고 또 그리스도의 넘치는 공로에서 흘러나오는 것이므로, 그 영향은 그리스도의 중개에 의지하고 거기에 온전히 달려 있고 거기에서 모든 힘을 길어 올리며, 그리스도와 믿는 이들의 직접 결합을 결코 가로막지 않고 오히려 도와준다"(《인류의 빛》 60항).

──────────── 16세기 종교개혁가들은 마리아와 성인들을 향한 기도를 거부했습니다. 마리아를 단지 믿음의 모범, 그리스도인 삶의 모범으로만 인정했고 기도의 중재자로는 생각하지 않았기 때문입니다. 종교개혁가들은 그리스도와 아버지께 가기 위해 마리아를 거치는 우회로는 필요하지 않다고 말합니다. 가톨릭의 견해는 성인들의 통공에 바탕을 둡니다. '성인聖人'은 신약성경의 이해에 따르면 단지 성인품에 오른, 기념일이 표시되는 이들만을 말하지 않습니다. '성인'은 세례받은 모든 이, 같은 신앙, 같은 그리스도의 삶, 같은 그리스도의 은총, 같은 성령을 나누어

받은 모든 이고, 우리는 그들과 함께 한 공동체를 이룹니다. 이 공동체는 물리적인 지상에서의 삶을 넘어서기에 죽음으로 끝나지 않습니다. 성인들은 영원한 생명을 상속받은 이들이고 그것은 천상의 영광 안에서도 지속됩니다. 이런 까닭에 지상에서 살아가는 우리는 죽은 이들과 함께 머물며 특별히 하느님의 곁에 있는 성인들과 결합됩니다.

─────────────────── 성인들의 통공과 함께 진일보한 의미를 찾을 수 있습니다. 우리 역시 앞으로 오게 될 새로운 세상에 속해 있습니다. 히브리서는 이런 생각을 표현합니다. "여러분이 나아간 곳은 시온산이고 살아 계신 하느님의 도성이며 천상 예루살렘으로, 무수한 천사들의 축제 집회와 하늘에 등록된 맏아들들의 모임이 이루어지는 곳입니다. 또 모든 사람의 심판자 하느님께서 계시고, 완전하게 된 의인들의 영이 있고, 새 계약의 중개자 예수님께서 계십니다"(히브 12,22-24). 마리아 곁에 있다는 것은 다가올 세상에 속한다는 것이고 이미 지금 하느님의 어좌 앞에서 거행되는 영원한 전례 안에 포함된다는 의미입니다.

──────────────── 마리아에 대한 가장 보편적인 기도는 성모송입니다. 이 기도는 천사의 알림과 엘리사벳의 인사를 전하는 루카 복음의 인용으로 시작합니다. "은총이 가득하신 마리아님, 기뻐하소서. 주님께서 함께 계시니"(루카 1,28 참조). "여인 중에 복되시며, 태중의 아들 예수님 또한 복되시나이다"(루카 1,42 참조). 이 성경 말씀에 덧붙은 성모송의 문장은 종말론적 차원을 강조하는 것으로 깊은 의미가 있습니다. "천주의 성모 마리아님, 이제와 저희 죽을 때에 저희를 위하여 빌어주소서." 이 문장은 마리아를 향한 우리의 기도를 종합합니다. 우리는 이미 마리아가 누리고 있는 천상 영광에 우리도 들 수 있도록 도움을 청하며 기도합니다. 마리아는 희망의 표징일 뿐 아니라 희망의 도구입니다. 마리아가 우리에게 말합니다. 이것은 무의미하거나 공허한 희망이 아니고 기다림도, 환상도, 우리가 가진 열망의 투영도 아닙니다. 이것은 믿음의 실현입니다. 하느님께서는 당신의 백성에게, 모든 사람과 모든 창조물에 신실하신 분이기 때문입니다.

──────────────── 저는 확신합니다. 오늘

날, 희망을 잃고 일상의 소소한 일과 즐거움에만 만족하며 살아가는 우리에게는 참된 희망이 필요합니다. 이 희망은 우리가 좀 더 큰일에 관심을 갖도록 격려하고, 영혼 깊은 곳에 있는 열망을 일깨우며, 또한 우리에게 인내와 넓은 마음을 줍니다. 어떤 개인도, 어떤 백성이나 종교 공동체도, 그리고 교회도 희망 없이는 살아갈 수 없습니다. 우리에게는 이런 희망의 표징이자 도구로서 마리아가 필요합니다.

"성모 마리아님, 이제와 저희 죽을 때에
저희를 위하여 빌어주소서."

일을 마치며 바치는 기도

천주의 성모님
당신의 보호에 저희를 맡기오니
어려울 때에 저희의 간절한 기도를 외면하지 마시고,
항상 모든 위험에서 저희를 구하소서.
영화롭고 복되신 동정녀시여.
아멘.

3세기의 기도

성경 찾아보기

창세기	3,20	70
	12,3	71
1사무	21,-10	37-39
	2,8	33
2열왕	19,25	32
시편	9,15	32
	34,9	25
	113,5	24
	138,6	24
이사	1,8	32
	62,11	32
애가	1,6	32
다니	3,55	4
호세	11,8	34
스바	3,14	32
즈카	2,14	32

	9,9	32
마태	5,3-11	43,63
	5,3-12	49-50
	19,30	43
	22,32	93-94
마르	3,35	92
루카	1,28	31,89,105
	1,33	70
	1,34	33
	1,35	33,57
	1,37	62
	1,38	46
	1,42	105
	1,45	92
	1,46-55	10-11,19
	1,48	20

루카	1,51	47		8,22	63
	1,51-53	34,63		9-11장	34
	2,1	70		11,29	35
	2,19	46	1코린	1,27	48
	3,23-28	70		1,27-30	51
	11,28	92		15,55	94
요한	1,1-3	81	2코린	1,19-20	81
	1,13	86	갈라	5,1	63
	1,14	81	에페	1장	82
	19,25	58		4,13	63
	19,25-27	44	필리	2,6-11	47
	19,26-27	58	1티모	2,5-6	102
	19,27	59	히브	12,22-24	104
사도	1,14	59,71	묵시	12장	45
	2,1-4	59			
로마	4,17	48, 71			

그림 출처

표지

레오나르도 다빈치(Leonardo da Vinci), 〈얀와인더의 마돈나〉, 스케치, **1501**년경.

마리아, 복음의 아이콘

조토(Giotto), 〈방문〉, 아시시, 프레스코화, **1310**년경.

방문은 마리아의 노래에 대한 성경의 장면입니다.

"오늘날 우리가 하느님의 어머니에 대해 말하고, 매일 전례에서 마리아의 노래를 부르거나 기도로 바친다면, 우리는 마리아의 노래를 합송하고 반복하며 그것을 통해 하느님을 찬양했던 모든 시대와 세대의 사람들과 함께 찬미하는 것입니다"(**20**쪽).

마리아, 시온의 딸

〈마리아와 아기가 함께 있는 이사이의 그루터기〉, 슈렌베르크-시편(Scherenberg-Psalter)에서 나온 축소판, **1260**년경.

"마리아는 구약성경과 신약성경을 묶어 주는 끈이자 연결 고리이고 성경 전체를 관통하는 핵심으로, 구원 역사의 통일성을 드러냅니다"(**35**쪽).

마리아, 말씀에 순종하신 분
로렌초 로토(**Lorenzo Lotto**), 〈어머니와 이별하는 그리스도〉, **1521**년.
"마리아는 이 순종과 겸손의 태도로 십자가 아래 충실하게 서 있고, 믿음을 통한 순례 여정과 믿음이 드러나는 십자가 아래에서의 저녁 시간을 우리와 함께 나눕니다"(**46**쪽).

마리아, 교회의 어머니
게오르크 멜키오르 슈미트너(**Georg Melchior Schmidtner**), 〈매듭을 푸는 마리아〉, 페를라슈의 베드로 성당, **1700**년경.
"리옹의 이레네오(**135-200**) 교부는 마리아를 '매듭을 푸는 성모님'이라고 부르며, 순종을 통해, 첫 하와가 묶어 놓은 매듭을 푸는 분으로 소개합니다. 이제 마리아는 어머니로서, 교회가 매듭을 풀 수 있도록 중재하며 도와줍니다. 교회는 지난 수 세기에 걸친 순례 여정 중 힘겨운 상황이 생길 때마다 언제나 새롭게 풀어야만 하는 매듭과 직면했고, 오늘날은 더 그렇습니다. 교회와 세상에는 해결하고 풀어야 할 매듭이 있습니다"(**61**쪽).

마리아, 살아있는 모든 이의 어머니

티치아노(**Tizian**), 〈두 손을 들고 있는 고통의 어머니〉, **1555**년.
티치아노의 그림은 마리아를 기도하는 여인이자 고통의 어머니로 나타냅니다.

"마리아는 기도하는 사람이기에, 그녀의 손은 받아들이기 위해 펼쳐져 있습니다. 그리고 마리아는 자기 자신에게서 아무 것도 기대하지 않고 하느님으로부터 오는 모든 것을 기다립니다"(**71**쪽).

"대중 신심에서 마리아는 무엇보다 수많은 피에타 상을 통해 알 수 있는 것처럼 고통의 어머니입니다. … 마리아는 자녀로 인해 슬퍼하는 수많은 어머니의 자매이자, 가난하고 억압받고 혼돈에 빠진 보잘것없고 소외된 이들의 자매입니다"(**73**쪽).

마리아, 가톨릭 신앙 안에 계신 분

〈과달루페의 성모〉, **1531**년.

"마리아에 대한 교회의 가르침은 순수하게 지성적으로 생각한 결과가 아니라, 오히려 영적 묵상과 수백 년간 지속되어 온 교회의 살아 있는 경험의 결실입니다"(**80**쪽).

전승에 따르면, 과달루페의 성모님은 원죄 없이 잉태되신 복되신 동정 마리아 대축일에 처음으로 발현하셨고, 이는 라틴아메리카 대륙이 그리스도를 받아들이는 영적인 경험이었습니다. 과달루페의 성모님만큼 별이 가득한 옷을 입은 은총의 성모님을 나타내는 표상은 거의 없습니다.

"그녀는 '바다의 별'로 바다 위에 있는 우리를 비추고, 우리에게 길을 알려 주며, 우리 삶의 여정에 희망을 줍니다"(**93**쪽).

마리아, 저희를 위하여 빌어주소서

엘 그레코(**El Greco**), 〈자비의 성모〉, **1620-1623**년.

"마리아의 모성은 이미 1세기에서부터 줄곧 우리 믿음의 내용이었습니다. 우리가 알고 있는 가장 오래된 기도는 '일을 마치며 바치는 기도'입니다. 이미 첫 그리스도인들은 마리아가 천상의 영광 안에서 진정한 어머니로서 자녀들을 돌본다는 것을 확신했습니다"(**101-102쪽**).

엘 그레코의 〈자비의 성모〉는 성령강림 사건을 표현한 그림을 생각하게 합니다.

"가톨릭의 견해는 성인들의 통공에 바탕을 둡니다. '성인聖人'은 신약성경의 이해에 따르면 … 세례받은 모든 이, 같은 신앙, 같은 그리스도의 삶, 같은 그리스도의 은총, 같은 성령을 나누어 받은 모든 이고, 우리는 그들과 함께 한 공동체를 이룹니다"(**103-104쪽**).

희망의 표징
마리아

서울대교구 인가: 2019년 4월 3일
초판 1쇄 펴낸날: 2019년 4월 26일
2쇄 펴낸날: 2019년 12월 26일
지은이: 발터 카스퍼
옮긴이: 허규
펴낸이: 백인실
펴낸곳: 성서와함께
06910 서울특별시 동작구 흑석로13길 7
Tel (02) 822-0125~7/ Fax (02) 822-0128
http://www.withbible.com
e-mail: order@withbible.com
등록번호 14-44(1987년 11월 25일)

ⓒ 성서와함께 2019
성경 ⓒ 한국천주교중앙협의회

ISBN 978-89-7635-343-6 93230

이 도서의 국립중앙도서관 출판예정도서목록(CIP)은
서지정보유통지원시스템 홈페이지(http://seoji.nl.go.kr)와
국가자료공동목록시스템(http://www.nl.go.kr/kolisnet)에서
이용하실 수 있습니다. (CIP제어번호 : CIP2019014758)